škola - école	2
cesta - voyage	5
transport - transport	8
město - ville	10
krajina - paysage	14
restaurace - restaurant	17
supermarket - supermarché	20
nápoje - boissons	22
jídlo - alimentation	23
usedlost - ferme	27
dům - maison	31
obývací pokoj - salon	33
kuchyně - cuisine	35
koupelna - salle de bain	38
dětský pokoj - chambre d'enfant	42
oblečení - vêtements	44
kancelář - bureau	49
hospodářství - économie	51
povolání - professions	53
nářadí - outils	56
hudební nástroje - instruments de musique	57
zoo - zoo	59
sport - sports	62
aktivity - activités	63
rodina - famille	67
tělo - corps	68
nemocnice - hôpital	72
urgentní případ - urgence	76
země - terre	77
hodiny - ...heure(s)	79
týden - semaine	80
rok - année	81
tvary - formes	83
barvy - couleurs	84
protiklady - oppositions	85
čísla - nombres	88
jazyky - langues	90
Kdo / co / jak - qui / quoi / comment	91
kde - où	92

AF187389

Impressum
Verlag: BABADADA GmbH, Nedderfeld 112 , 22529 Hamburg
Geschäftsführer / Verlagsleitung: Harald Hof
Druck: Books on Demand GmbH, In de Tarpen 42, 22848 Norderstedt

Imprint
Publisher: BABADADA GmbH, Nedderfeld 112 , 22529 Hamburg, Germany
Managing Director / Publishing direction: Harald Hof
Print: Books on Demand GmbH, In de Tarpen 42, 22848 Norderstedt

škola
école

dělit
diviser

186/2

tabule
tableau noir

třída
salle de classe

školní hřiště
cour (de récréation)

učitel
professeur

papír
papier

psát
écrire

pero
stylo

psací stůl
bureau

pravítko
règle

kniha
livre

žák
élève

aktovka
cartable

penál
trousse

tužka
crayon

ořezávátko
taille-crayon

guma
gomme

blok na kreslení
carnet à dessin

výkres

dessin

štětec

pinceau

malířské potřeby

boîte de peinture

nůžky

ciseaux

lepidlo

colle

cvičebnice

cahier d'exercices

domácí úkol

devoirs

počet

chiffre

sčítat

additionner

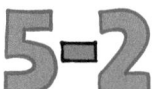

odčítat

soustraire

násobit

multiplier

počítat

calculer

písmeno

lettre

abeceda

alphabet

hello

slovo

mot

text

texte

číst

lire

křída

craie

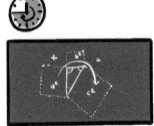

hodina

leçon

třídní kniha

livre de classe

zkouška

examen

vysvědčení

certificat

školní uniforma

uniforme scolaire

vzdělání

formation

encyklopedie

lexique

univerzita

université

mikroskop

microscope

karta

carte

odpadkový koš na papír

corbeille à papier

cesta
voyage

hotel
hôtel
Grand
ubytovna
auberge
ROOMS
směnárna
bureau de change
CHANGE
kufr
valise
auto
voiture

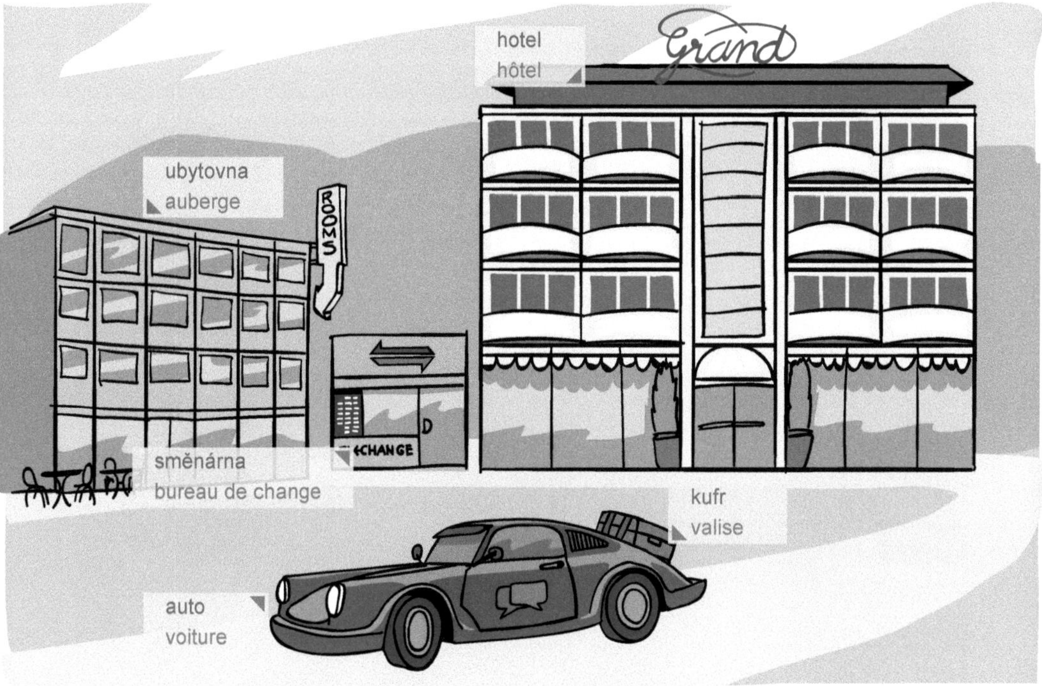

jazyk

langue

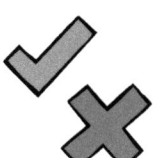

ano / ne

oui / non

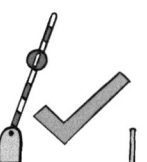

oukej

d'accord

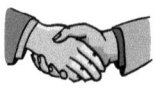

Ahoj!

Salut

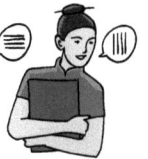

překladatel

interprète

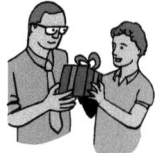

děkuji

merci

Kolik stojí...?

Combien coûte...?

nerozumím

Je ne comprends pas

problém

problème

Dobrý večer!

Bonsoir !

Dobré ráno!

Bonjour !

Dobrou noc!

Bonne nuit !

na shledanou

Au revoir

směr

direction

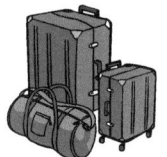

zavazadlo

bagages

taška

sac

batoh

sac-à-dos

host

hôte

pokoj

pièce

spací pytel

sac de couchage

stan

tente

turistické informace

office de tourisme

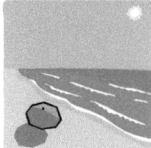

pláž

plage

kreditní karta

carte de crédit

snídaně

petit-déjeuner

oběd

déjeuner

večeře

dîner

jízdenka

billet

výtah

ascenseur

poštovní známka

timbre

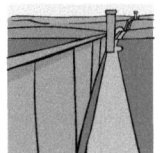

hranice

frontière

clo

douane

poselství

ambassade

vízum

visa

pas

passeport

transport
transport

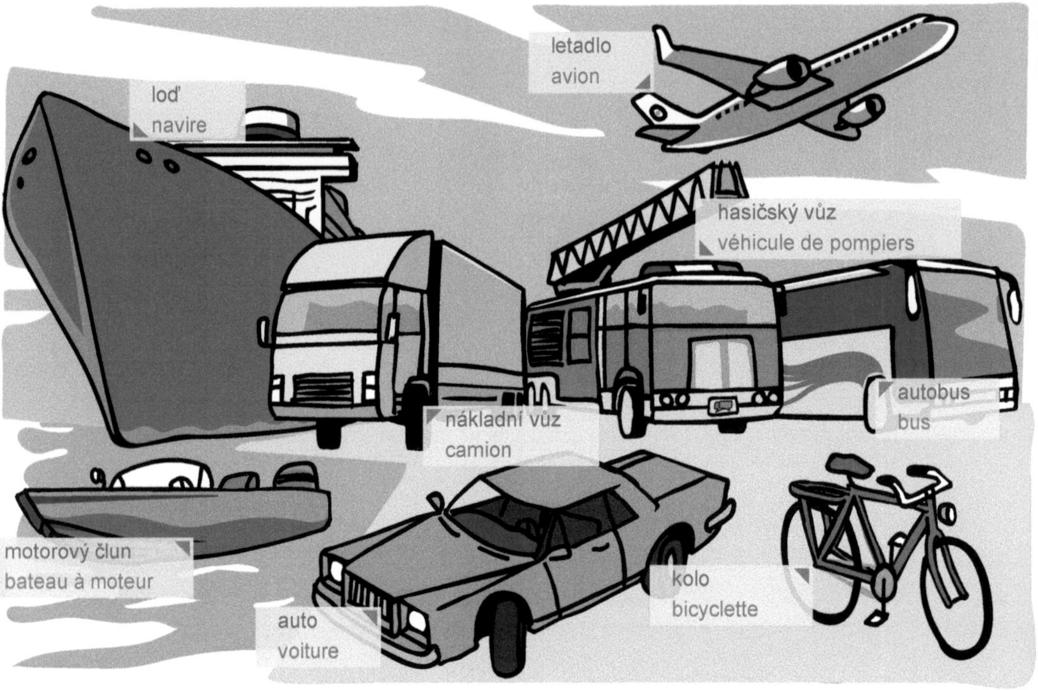
letadlo
avion
loď
navire
hasičský vůz
véhicule de pompiers
autobus
bus
nákladní vůz
camion
motorový člun
bateau à moteur
kolo
bicyclette
auto
voiture

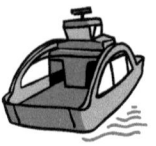

přívoz

ferry

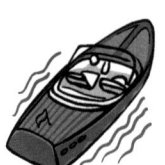

člun

barque

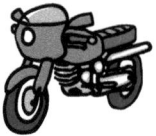

motorka

moto

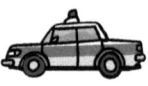

policejní auto

voiture de police

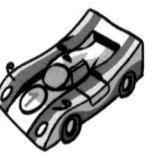

závodní auto

voiture de course

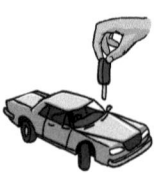

pronajaté auto

voiture de location

sdílení aut

auto-partage

odtahová služba

voiture de remorquage

popelářský vůz

benne à ordures

motor

moteur

palivo

essence

čerpací stanice

station d'essence

dopravní značka

panneau indicateur

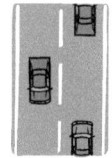

doprava

trafic

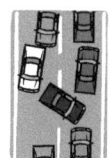

dopravní zácpa

embouteillage

parkoviště

parking

vlakové nádraží

gare

koleje

rails

vlak

train

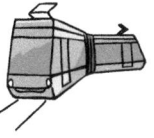

tramvaj

tramway

vagón

wagon

helikoptéra

hélicoptère

letiště

aéroport

věž

tour

pasažér

passager

kontejner

conteneur

kartón

carton

trakař

chariot

koš

corbeille

vzlétnout / přistát

décoller / atterrir

město

ville

vesnice

village

střed města

centre-ville

dům

maison

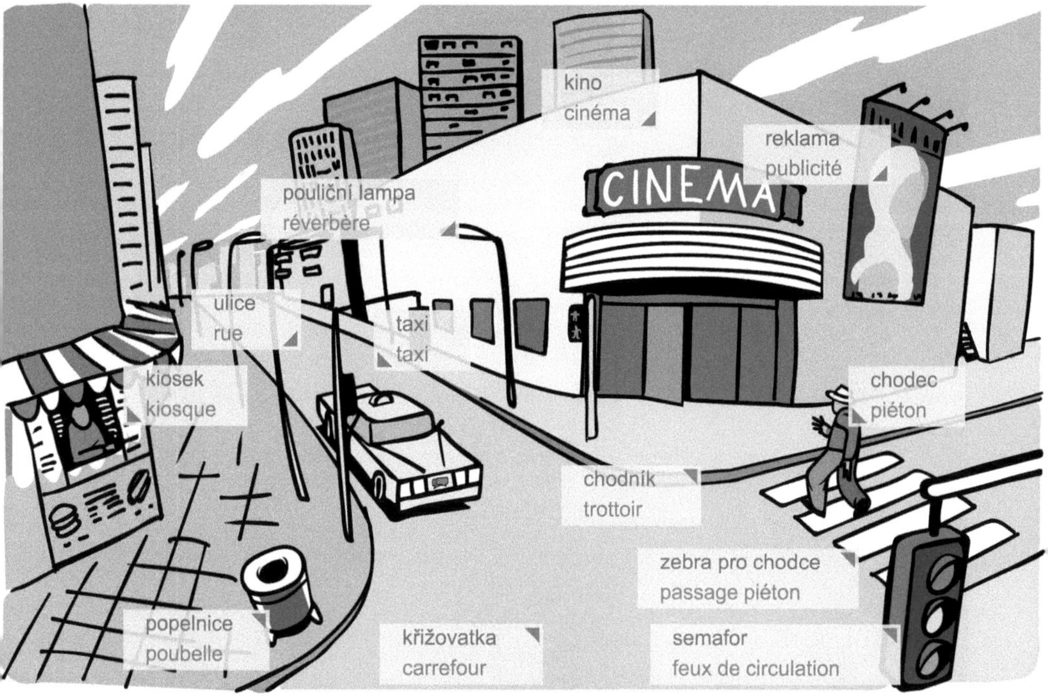

kino
cinéma
reklama
publicité
CINEMA
pouliční lampa
réverbère
ulice
rue
taxi
taxi
kiosek
kiosque
chodec
piéton
chodník
trottoir
zebra pro chodce
passage piéton
popelnice
poubelle
křižovatka
carrefour
semafor
feux de circulation

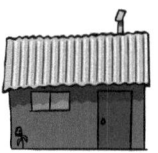

chata

cabane

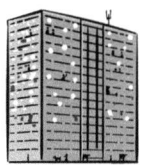

byt

appartement

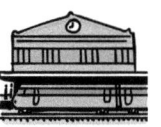

vlakové nádraží

gare

radnice

mairie

MUSEUM

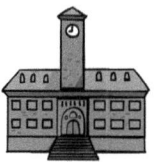

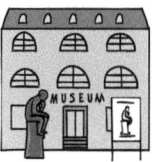

muzeum

musée

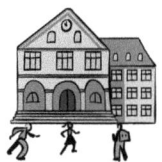

škola

école

univerzita	banka	nemocnice
université	banque	hôpital

hotel	lékárna	kancelář
hôtel	pharmacie	bureau

knihkupectví	obchod	květinářství
librairie	magasin	fleuriste

supermarket	tržnice	obchodní dům
supermarché	marché	grand magasin

rybárna	nákupní centrum	přístav
poissonnerie	centre commercial	port

park

parc

lavička

banque

most

pont

schody

escaliers

metro

métro

tunel

tunnel

autobusová zastávka

arrêt de bus

bar

bar

restaurace

restaurant

poštovní schránka

boîte à lettres

pouliční tabule

panneau indicateur

parkovací hodiny

parcmètre

zoo

zoo

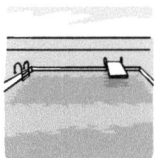

plovárna

piscine

mešita

mosquée

usedlost
ferme

znečišťování životního prostředí
pollution

hřbitov
cimetière

církev
église

hřiště
aire de jeux

chrám
temple

krajina
paysage

list
feuille

rozcestník
panneau indicateur

cesta
chemin

louka
pré

kámen
pierre

turista
randonneur

strom
arbre

řeka
rivière

tráva
herbe

květina
fleur

údolí
vallée

hora
montagne

jezero
lac

les
forêt

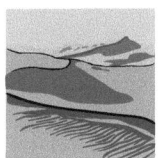

poušť
désert

sopka
volcan

zámek
château

duha
arc-en-ciel

houba
champignon

palma
palmier

komár
moustique

moucha
mouche

mravenec
fourmis

včela
abeille

pavouk
araignée

brouk

coléoptère

žába

grenouille

veverka

écureuil

ježek

hérisson

zajíc

lièvre

sova

chouette

pták

oiseau

labuť

cygne

divoké prase

sanglier

jelen

cerf

los

élan

přehrada

barrage

větrné kolo

éolienne

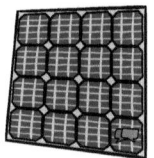

solární panel

panneau solaire

podnebí

climat

číšník
serveur

jídelní lístek
menu

židle
chaise

pizza
pizza

polévka
soupe

příbor
couverts

ubrus
nappe

předkrm
hors d'œuvre

hlavní chod
plat principal

dezert
dessert

nápoje
boissons

jídlo
alimentation

láhev
bouteille

rychlé občerstvení

fast-food

pouliční občerstvení

plats à emporter

čajová konvice

théière

cukřenka

sucrier

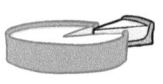

porce

portion

kávovar na espresso

machine à expresso

dětská stolička

chaise haute

faktura

facture

tác

plateau

nůž

couteau

vidlička

fourchette

lžíce

cuillère

čajová lyžička

cuillère à thé

ubrousek

serviette

sklenička

verre

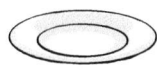

talíř

assiette

talíř na polévku

assiette à soupe

podšálek

soucoupe

omáčka

sauce

slánka

salière

mlýnek na pepř

moulin à poivre

ocet

vinaigre

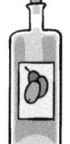

olej

huile

koření

épices

kečup

ketchup

hořčice

moutarde

majonéza

mayonnaise

supermarket
supermarché

nabídka
offre promotionnelle
FOR
zákazník
client
mléčné výrobky
produits laitiers
ovoce
fruits
nákupní vozík
chariot

BUTCHERS

masna

boucherie

BAKERY

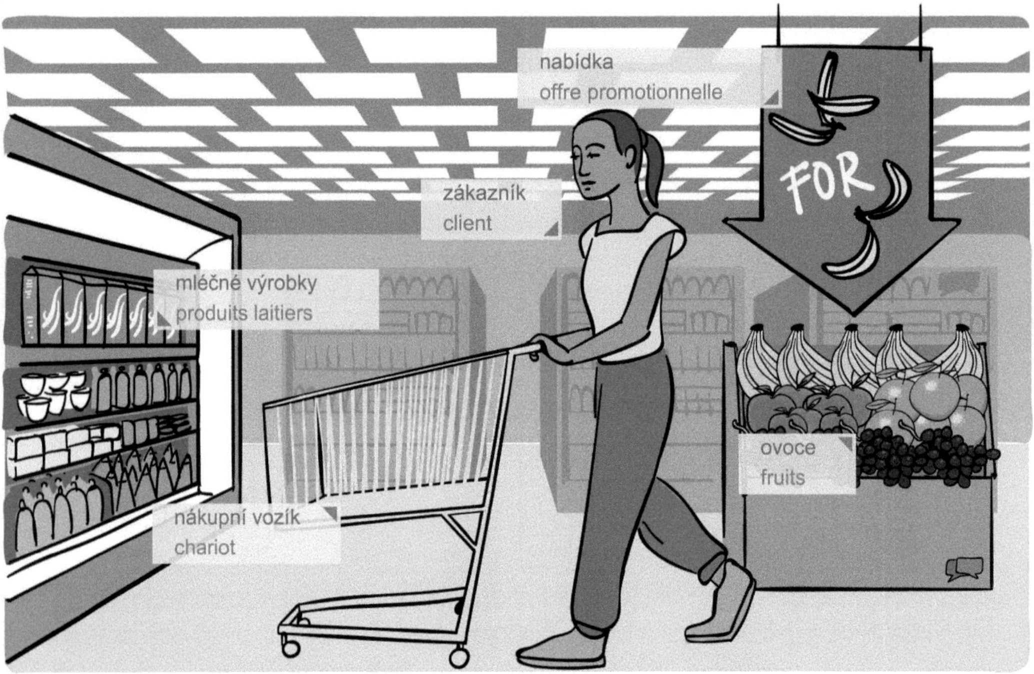

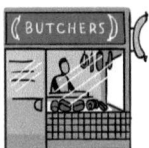

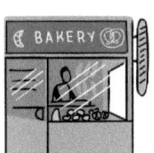

pekařství

boulangerie

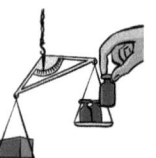

vážit

peser

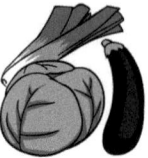

zelenina

légumes

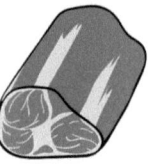

maso

viande

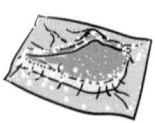

mražené potraviny

aliments surgelés

obložený talíř

charcuterie

konzervy

conserves

prací prášek

poudre à lessive

cukrovinky

bonbons

výrobky pro domácnost

articles ménagers

čisticí prostředek

détergents

prodavačka

vendeuse

pokladna

caisse

pokladní

caissier

nákupní seznam

liste d'achats

otevírací doba

heures d'ouverture

peněženka

portefeuille

kreditní karta

carte de crédit

taška

sac

igelitová taška

sac en plastique

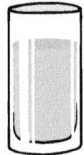

voda

eau

džus

jus de fruit

mléko

lait

kola

coca

víno

vin

pivo

bière

alkohol

alcool

kakao

chocolat chaud

čaj

thé

káva

café

espresso

expresso

kapučíno

cappuccino

banán

banane

jablko

pomme

pomeranč

orange

meloun

melon

citrón

citron

mrkev

carotte

česnek

ail

bambus

bambou

cibule

oignon

houba

champignon

ořechy

noisettes

těstoviny

pâtes

špageti

spaghetti

rýže

riz

salát

salade

hranolky

pommes frites

americké brambory

pommes de terre rôties

pizza

pizza

hamburger

hamburger

sendvič

sandwich

řízek

escalope

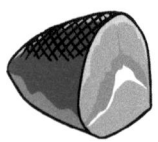

šunka

jambon

salám

salami

salám

saucisse

kuře

poulet

pečeně

rôti

ryby

poisson

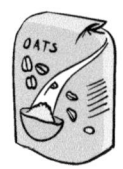

ovesné vločky

flocons d'avoine

müsli

muesli

vločky

cornflakes

mouka

farine

croissant

croissant

houska

petits-pains

chléb

pain

toast

pain grillé

sušenky

biscuits

máslo

beurre

tvaroh

le fromage blanc

buchta

gâteau

vejce

œuf

volské oko

œuf au plat

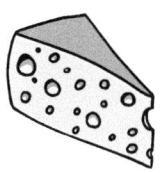

sýr

fromage

zmrzlina

glace

cukr

sucre

med

miel

marmeláda

confiture

nugátový krém

crème nougat

kari

curry

usedlost
ferme

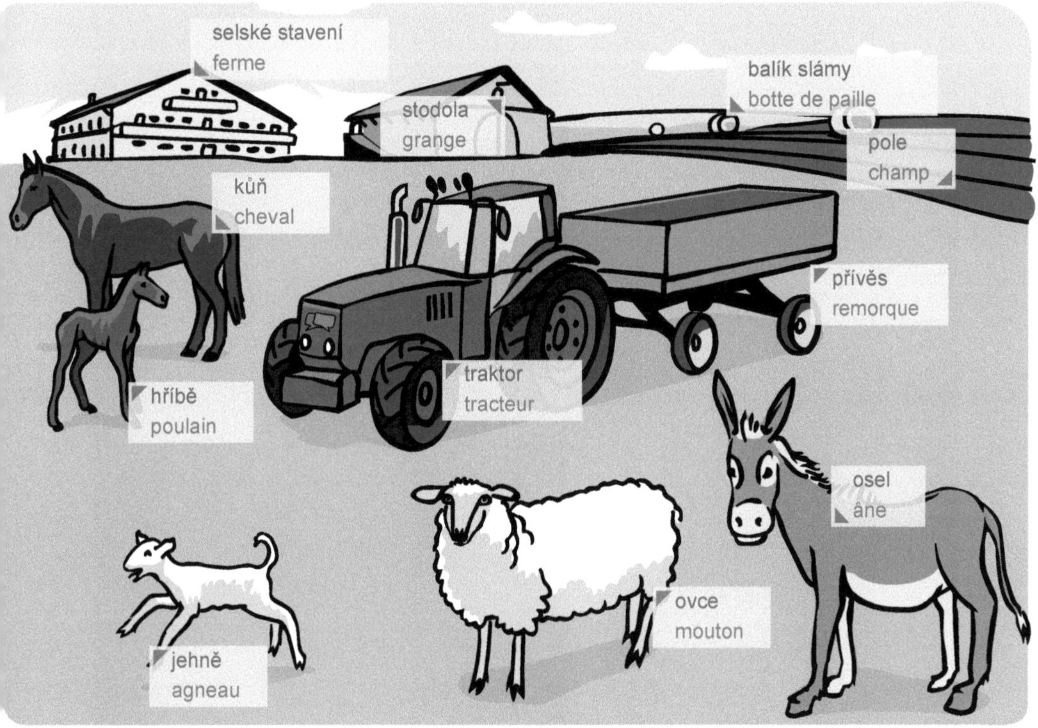
selské stavení
ferme
stodola
grange
balík slámy
botte de paille
pole
champ
kůň
cheval
přívěs
remorque
traktor
tracteur
hříbě
poulain
osel
âne
ovce
mouton
jehně
agneau

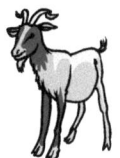

koza
chèvre

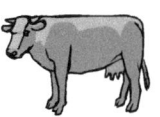

kráva
vache

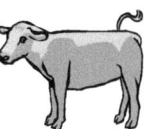

tele
veau

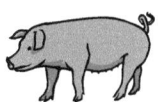

prase
porc

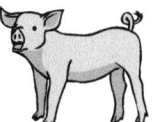

sele
porcelet

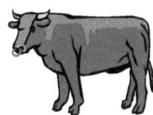

býk
taureau

husa

oie

kachna

canard

kuře

poussin

slepice

poule

kohout

coq

krysa

rat

kočka

chat

myš

souris

vůl

bœuf

pes

chien

psí bouda

chenil

zahradní hadice

tuyau de jardin

kropicí konev

arrosoir

kosa

faucheuse

pluh

charrue

srp

faucille

motyka

pioche

vidle

fourche

sekera

hache

kolecko

brouette

koryto

cuve

konev na mléko

pot à lait

pytel

sac

plot

clôture

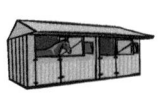

stáj

étable

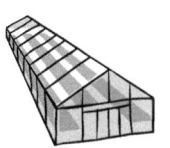

skleník

serre

půda

sol

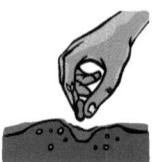

osivo

semences

hnojivo

engrais

kombajn

moissonneuse-batteuse

sklidit

récolter

sklizeň

récolte

smldinec

igname

pšenice

blé

sója

soja

brambora

pomme de terre

kukuřice

maïs

řepka

colza

ovocný strom

arbre fruitier

maniok

manioc

obilí

céréales

dům
maison

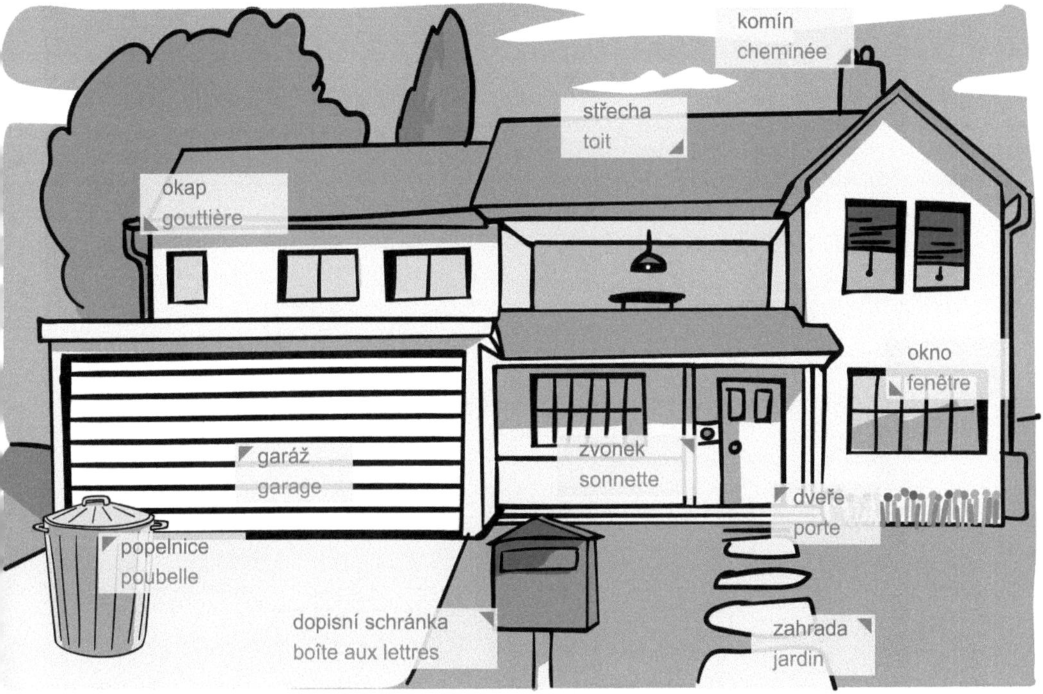

komín
cheminée
střecha
toit
okap
gouttière
okno
fenêtre
zvonek
sonnette
garáž
garage
dveře
porte
popelnice
poubelle
dopisní schránka
boîte aux lettres
zahrada
jardin

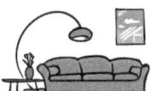

obývací pokoj

salon

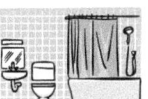

koupelna

salle de bain

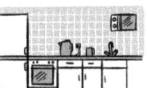

kuchyně

cuisine

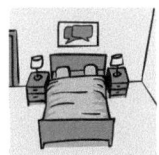

ložnice

chambre à coucher

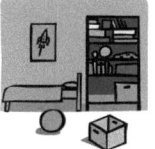

dětský pokoj

chambre d'enfant

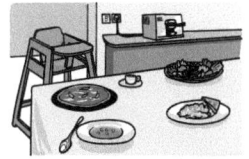

jídelna

salle à manger

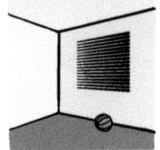

podlaha

sol

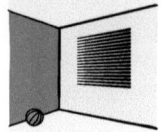

zeď

mur

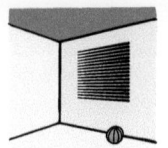

deka

plafond

sklep

cave

sauna

sauna

balkón

balcon

terasa

terrasse

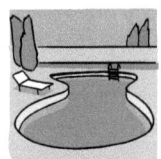

bazén

piscine

sekačka na trávu

tondeuse à gazon

ložní prádlo

housse

lůžková přikrývka

couette

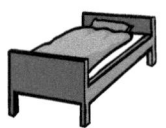

postel

lit

smeták

balai

kýbl

sceau

vypínač

interrupteur

obývací pokoj
salon

tapeta
papier peint
obrázek
image
žárovka
lampe
police
étagère
skříň
armoire
televizor
télé
komín
cheminée
květina
fleur
polštář
coussin
gauč
sofa
váza
vase
dálkový ovladač
télécommande

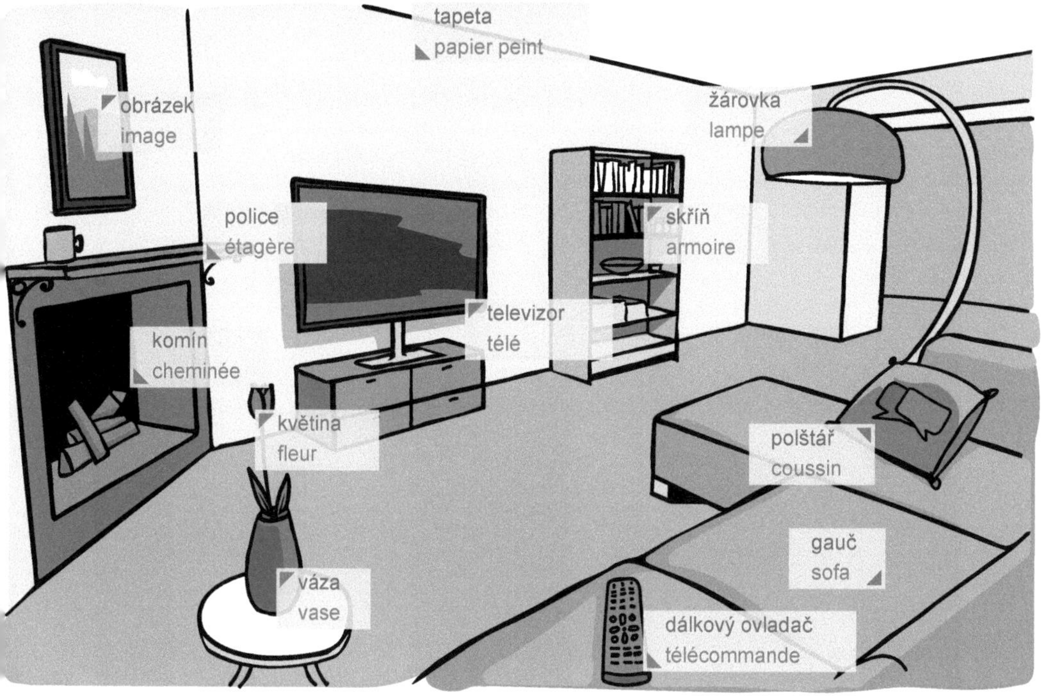

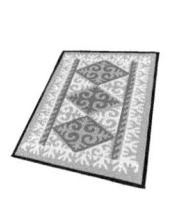

koberec

tapis

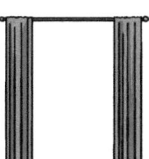

závěs

rideau

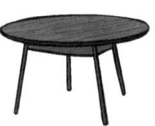

stůl

table

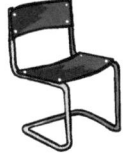

židle

chaise

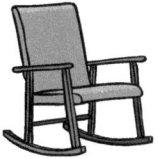

houpací křeslo

chaise à bascule

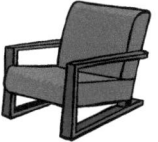

křeslo

fauteuil

kniha

livre

strop

couverture

ozdoba

décoration

palivové dříví

bois de chauffage

film

film

stereo souprava

chaîne hi-fi

klíč

clé

noviny

journal

malba

peinture

plakát

poster

rádio

radio

poznámkový blok

bloc-notes

vysavač

aspirateur

kaktus

cactus

svíce

bougie

kuchyně
cuisine

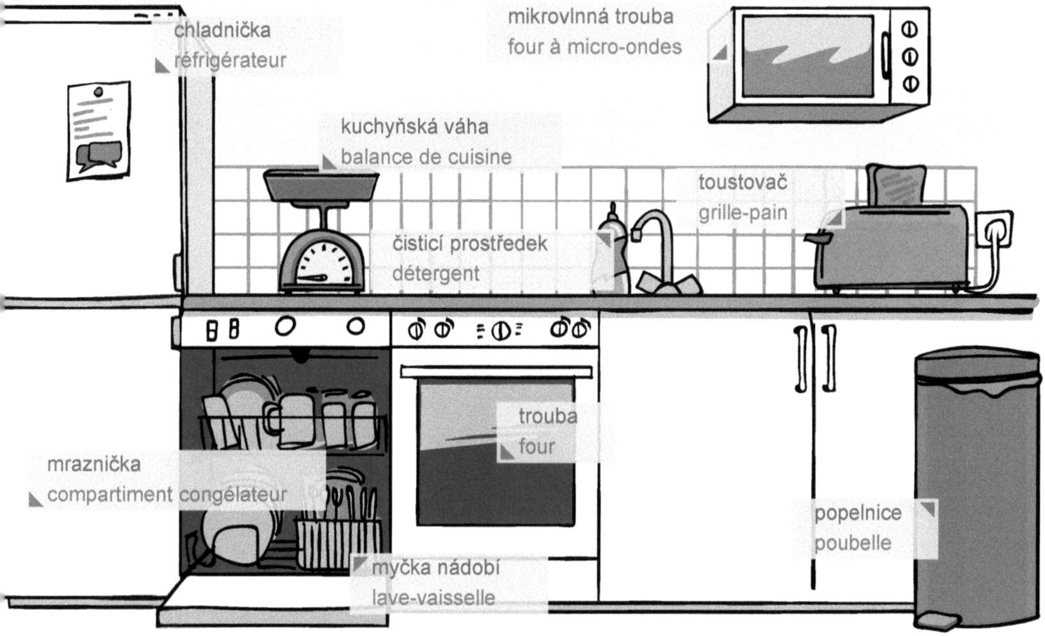

chladnička
réfrigérateur
mikrovlnná trouba
four à micro-ondes
kuchyňská váha
balance de cuisine
toustovač
grille-pain
čisticí prostředek
détergent
trouba
four
mraznička
compartiment congélateur
popelnice
poubelle
myčka nádobí
lave-vaisselle

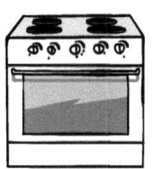

sporák
four

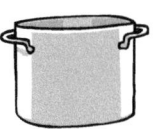

hrnec
casserole

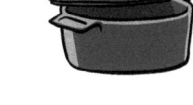

litinový hrnec
marmite

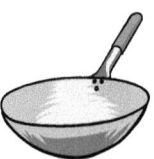

wok / kadai
wok / kadai

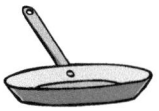

pánev
poêle

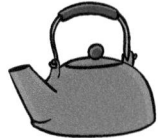

varná konvice
bouilloire electrique

parní hrnec

cuiseur vapeur

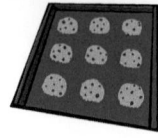

plech na pečení

plaque de cuisson

nádobí

vaisselle

hrnek

gobelet

miska

coupe

jídelní hůlky

baguettes

naběračka

louche

obracečka

spatule

metla

fouet

síto

passoire

cedník

tamis

struhadlo

râpe

hmoždíř

mortier

gril

barbecue

ohniště

cheminée

prkénko na krájení

planche à découper

váleček na těsto

rouleau à pâtisserie

vývrtka

tire-bouchon

dóza

boîte

otvírák na konzervy

ouvre-boîte

chňapka

maniques

umyvadlo

lavabo

kartáč na nádobí

brosse

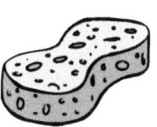

houba

éponge

mixér

mixeur

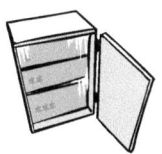

mrazák

congélateur

dětská lahev

biberon

kohoutek

robinet

koupelna
salle de bain

topení
chauffage
ručník
serviette
sprcha
douche
sprchový závěs
rideau de douche
pěnová koupel
bain moussant
vana
baignoire
sklenička
verre
pračka
machine à laver
kohoutek
robinet
obkladačky
carrelage
nočník
pot
umyvadlo
lavabo

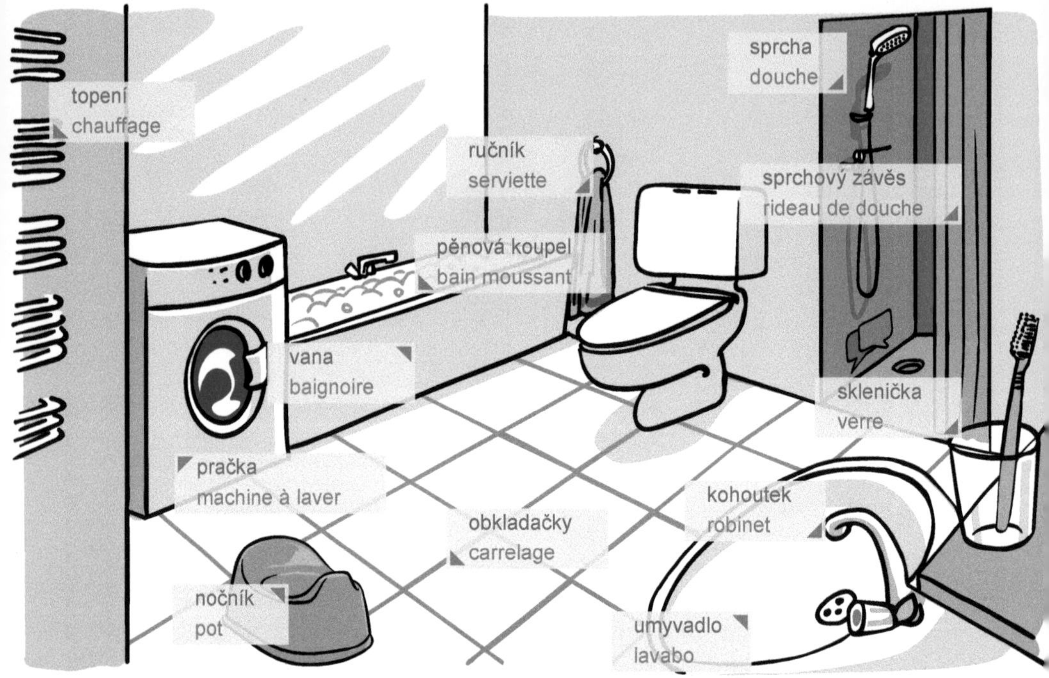

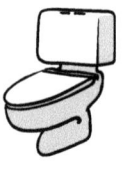

záchod

toilettes

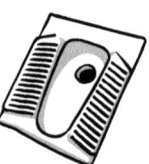

turecký záchod

toilette à la turque

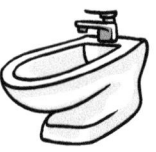

bidet

bidet

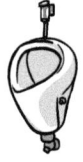

pisoár

urinoir

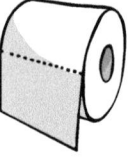

toaletní papír

papier toilette

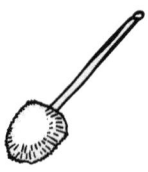

záchodová štětka

brosse à toilette

zubní kartáček

brosse à dents

zubní pasta

dentifrice

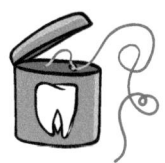

zubní niť

fil dentaire

mýt

laver

ruční sprcha

douche manuelle

intimní sprcha

douche intime

umyvadlo

vasque

kartáč na záda

brosse dorsale

mýdlo

savon

sprchový gel

gel douche

šampón

shampooing

žínka

gant de toilette

odpad

écoulement

krém

crème

deodorant

déodorant

zrcadlo

miroir

kosmetické zrcátko

miroir cosmétique

holicí strojek

rasoir

pěna na holení

mousse à raser

voda po holení

après-rasage

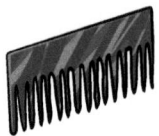

hřeben

peigne

kartáč

brosse

fén

sèche-cheveux

lak na vlasy

laque pour cheveux

makeup

fond de teint

rtěnka

rouge à lèvres

lak na nehty

vernis à ongles

vata

ouate

nůžky na nehty

coupe-ongles

parfém

parfum

koupelna - salle de bain

taška s toaletními potřebami

trousse de toilette

stolička

tabouret

váha

pèse-personne

župan

peignoir

gumové rukavice

gants de nettoyage

tampón

tampon

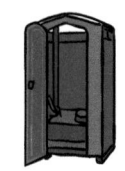

dámská vložka

serviettes hygiéniques

chemická toaleta

toilette chimique

dětský pokoj
chambre d'enfant

budík
réveil
plyšová hračka
doudou
autíčko
voiture jouet
chrastítko
hochet
domeček pro panenky
maison de poupée
dárek
cadeau

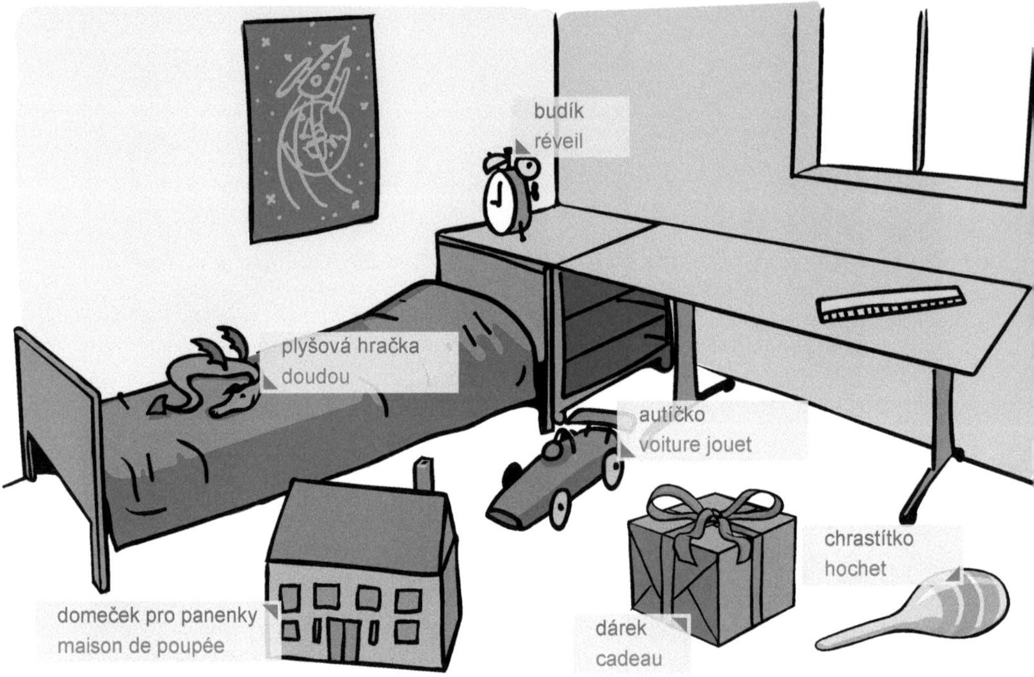

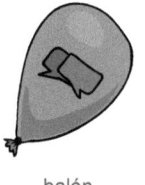

balón

ballon

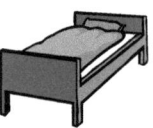

postel

lit

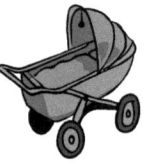

kočárek

poussette

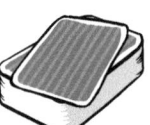

balíček karet

jeu de cartes

puzzle

puzzle

SUPER MEGA

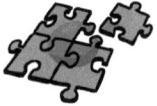

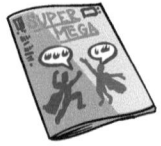

komiks

bande dessinée

lego kostky

pièces lego

stavebnice

blocs de construction

akční figurka

figurine

dupačky

grenouillère

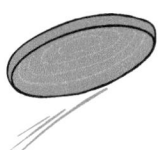

frisbee

frisbee

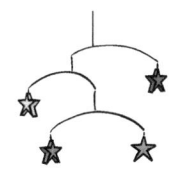

závěsné hračky nad
postýlku

mobile

desková hra

jeu de société

kostky

dé

modelová železnice

train miniature

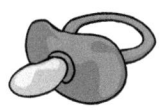

dudlík

sucette

oslava

fête

obrázková kniha

livre d'images

míč

balle

panenka

poupée

hrát si

jouer

dětský pokoj - chambre d'enfant

pískoviště

bac à sable

houpačka

balançoire

hračky

jouets

hrací konzole

console de jeu

tříkolka

tricycle

medvídek

ours en peluche

šatník

armoire

oblečení

vêtements

ponožky

chaussettes

punčochy

bas

punčochové kalhoty

collant

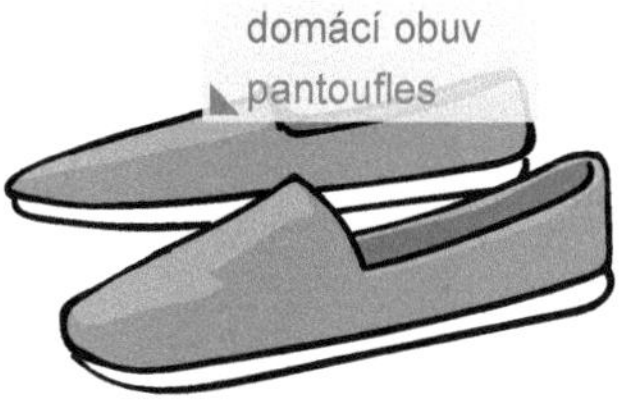

šála
écharpe

deštník
parapluie

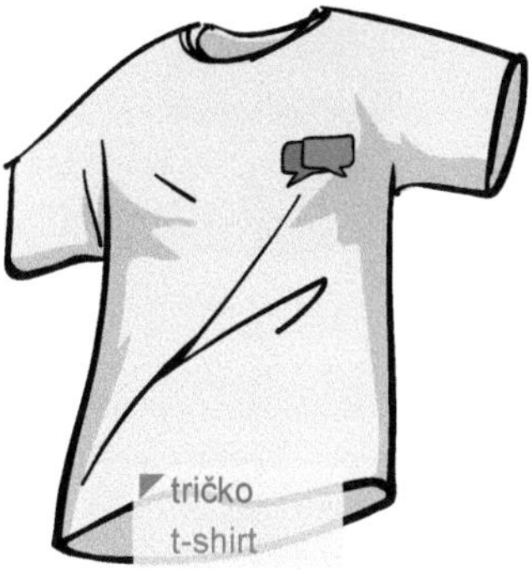

tričko
t-shirt

pásek
ceinture

kozačky
bottes

domácí obuv
pantoufles

tenisky
baskets

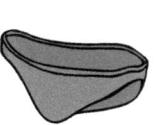

sandály
....
sandales

obuv
....
chaussures

holínky
....
bottes de caoutchouc

spodní prádlo
....
sous-vêtements

podprsenka
....
soutien-gorge

nátělník
....
maillot de corps

oblečení - vêtements

45

body

body

kalhoty

pantalon

džíny

jean

sukně

jupe

blůza

chemisier

košile

chemise

svetr

pull

mikina

sweat à capuche

blejzr

veste

bunda

veste

kabát

manteau

pláštěnka

imperméable

kostým

costume

šaty

robe

svatební šaty

robe de mariée

oblek

costume

noční košile

chemise de nuit

pyžamo

pyjama

sárí

sari

šátek na hlavu

foulard

turban

turban

burka

burqa

kaftan

caftan

abája

abaya

plavky

maillot de bain

pánské plavky

maillot de bain

kraťasy

short

teplákováy souprava

tenue d'entraînement

zástěra

tablier

rukavice

gants

knoflík
....
bouton

brýle
....
lunettes

náramek
....
bracelet

náhrdelník
....
collier

prsten
....
bague

náušnice
....
boucle d'oreille

čepice
....
bonnet

ramínko
....
cintre

klobouk
....
chapeau

kravata
....
cravate

zip
....
fermeture éclair

helma
....
casque

kšandy
....
bretelles

školní uniforma
....
uniforme scolaire

uniforma
....
uniforme

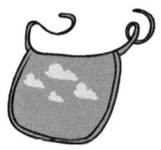

bryndák

bavoir

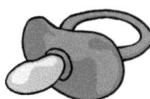

dudlík

sucette

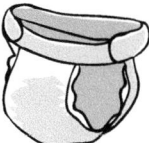

plena

lange

kancelář
bureau

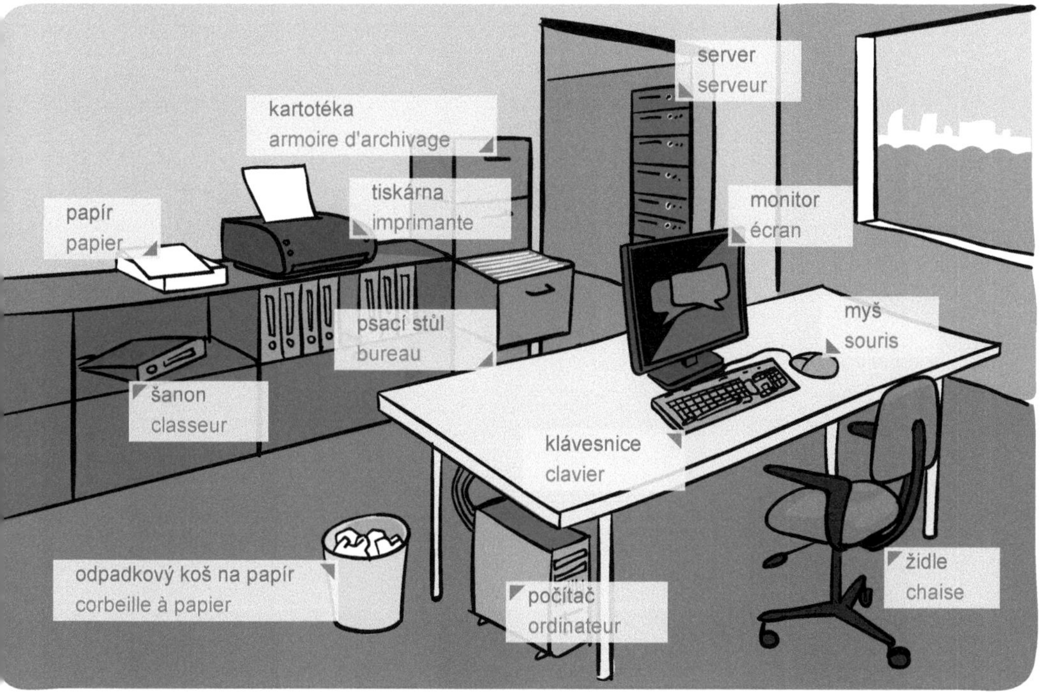

server
serveur
kartotéka
armoire d'archivage
tiskárna
imprimante
papír
papier
monitor
écran
myš
souris
psací stůl
bureau
šanon
classeur
klávesnice
clavier
odpadkový koš na papír
corbeille à papier
počítač
ordinateur
židle
chaise

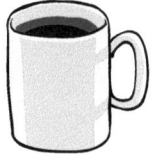

hrnek na kávu

tasse de café

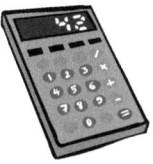

kalkulačka

calculatrice

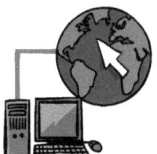

internet

internet

notebook

ordinateur portable

dopis

lettre

zpráva

message

mobil

portable

síť

réseau

kopírka

photocopieuse

software

logiciel

telefon

téléphone

zásuvka

prise

fax

fax

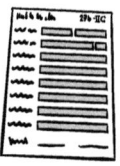

formulář

formulaire

dokument

document

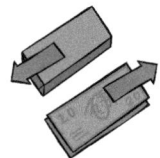

nakupovat

acheter

zaplatit

payer

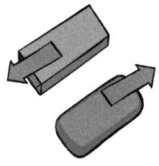

jednat

faire du commerce

peníze

monnaie

dolar

dollar

euro

euro

jen

yen

rubl

rouble

frank

franc suisse

juan

renminbi yuan

rupie

roupie

bankomat

distributeur automatique

směnárna

bureau de change

zlato

or

stříbro

argent

olej

pétrole

energie

énergie

cena

prix

smlouva

contrat

daň

taxe

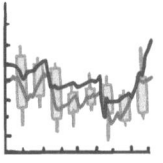

akcie

action

pracovat

travailler

zaměstnanec

employé

zaměstnavatel

employeur

továrna

usine

obchod

magasin

povolání
professions

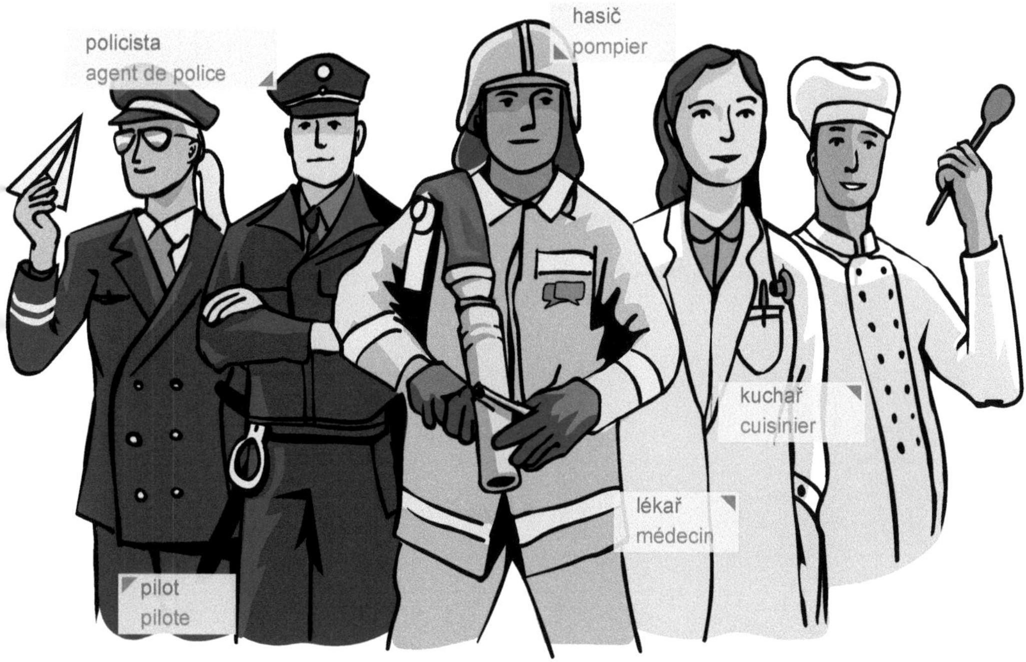
policista
agent de police
hasič
pompier
kuchař
cuisinier
lékař
médecin
pilot
pilote

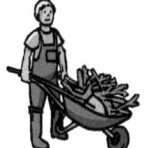

zahradník

jardinier

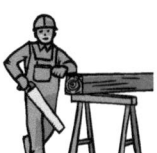

truhlář

menuisier

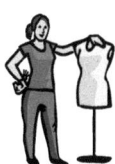

švadlena

couturière

soudce

juge

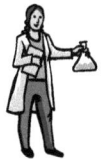

chemik

chimiste

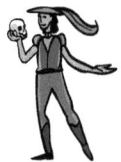

herec

acteur

řidič autobusu

conducteur de bus

řidič taxi

chauffeur de taxi

rybář

pêcheur

uklízečka

femme de ménage

pokrývač

couvreur

číšník

serveur

myslivec

chasseur

malíř

peintre

pekař

boulanger

elektrikář

électricien

stavební dělník

ouvrier

inženýr

ingénieur

řezník

boucher

klempíř

plombier

listonoš

facteur

voják

soldat

architekt

architecte

pokladní

caissier

florista

fleuriste

kadeřník

coiffeur

průvodčí

contrôleur

mechanik

mécanicien

kapitán

capitaine

zubař

dentiste

vědec

scientifique

rabín

rabbin

imám

imam

mnich

moine

duchovní

prêtre

náňadí

outils

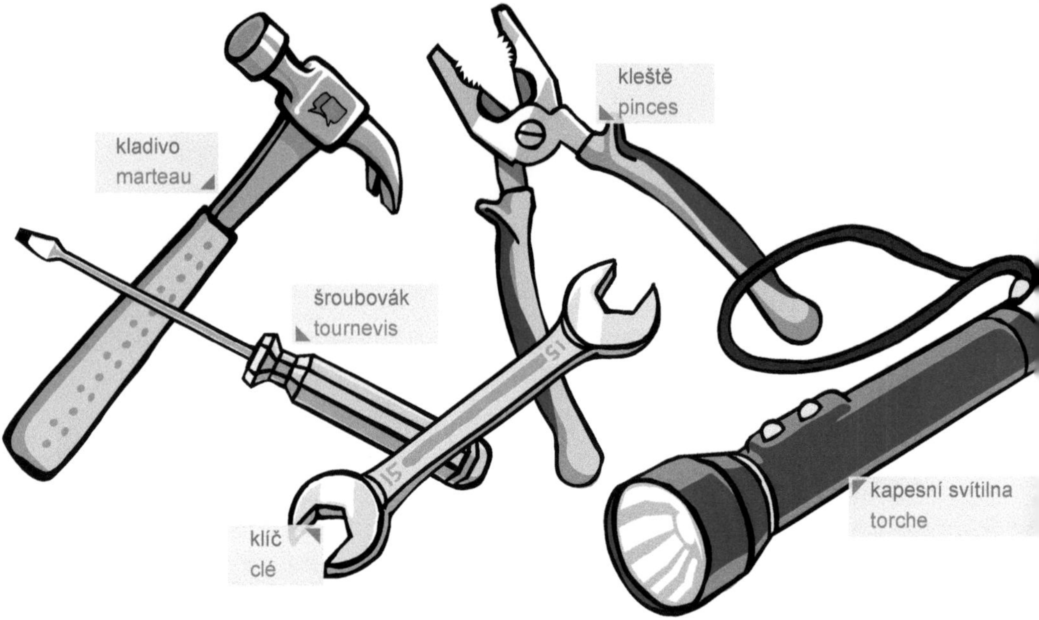
kladivo
marteau
šroubovák
tournevis
kleště
pinces
klíč
clé
kapesní svítilna
torche

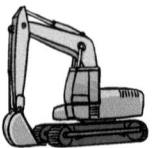

bagr
pelleteuse

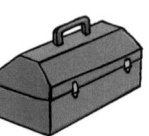

skříň na nářadí
boîte à outils

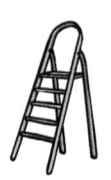

žebřík
échelle

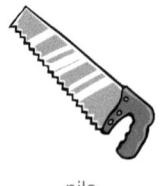

pila
scie

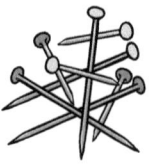

hřebíky
clous

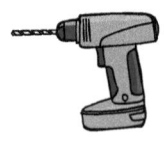

vrtačka
perceuse

opravit

réparer

lopata

pelle

Kurva!

Mince !

lopatka

pelle

vědroé na barvu

pot de peinture

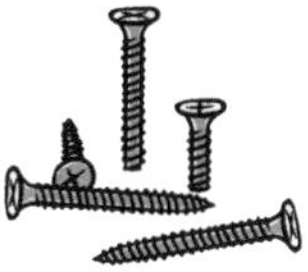

šrouby

vis

hudební nástroje
instruments de musique

reproduktor
haut-parleurs

bicí
batterie

kytara
guitare

kontrabas
contrebasse

trubka
trompette

klavír

piano

housle

violon

basa

basse

tympán

timbales

bubny

tambour

keyboard

piano électrique

saxofon

saxophone

flétna

flûte

mikrofon

microphone

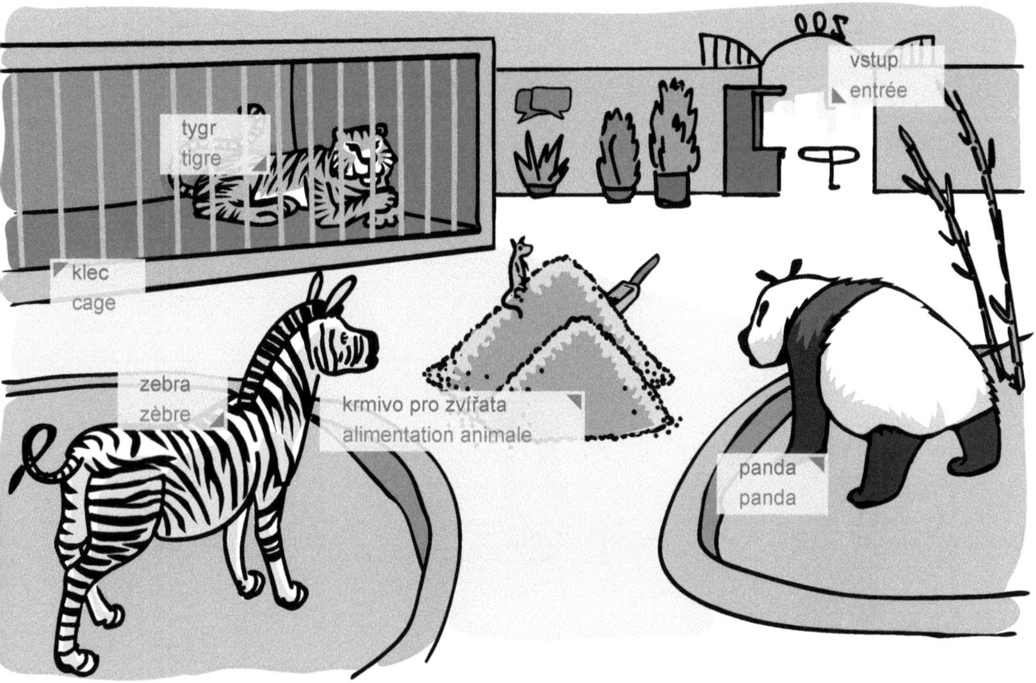

tygr
tigre

vstup
entrée

klec
cage

zebra
zèbre

krmivo pro zvířata
alimentation animale

panda
panda

zvířata
....
animaux

slon
....
éléphant

klokan
....
kangourou

nosorožec
....
rhinocéros

gorila
....
gorille

medvěd
....
ours

velbloud

chameau

pštros

autruche

lev

lion

opice

singe

plameňák

flamand rose

papoušek

perroquet

lední medvěd

ours polaire

tučňák

pingouin

žralok

requin

páv

paon

had

serpent

krokodýl

crocodile

ošetřovatel zvířat

gardien de zoo

tuleň

phoque

jaguár

jaguar

poník

poney

leopard

léopard

hroch

hippopotame

žirafa

girafe

orel

aigle

divoké prase

sanglier

ryby

poisson

želva

tortue

mrož

morse

liška

renard

gazela

gazelle

americký fotbal
american Football

cyklistika
cyclisme

tenis
tennis

košíková
basket-ball

plavání
natation

box
boxe

lední hokej
hockey sur glace

kopaná
football

badminton
badminton

lehká atletika
athlétisme

házená
handball

běh na lyžích
ski

vodní pólo
polo

aktivity
activités

smát se
rire
skočit
sauter
objímat
embrasser
jít
marcher
zpívat
chanter
snít
rêver
modlit se
prier
políbit
faire la bise

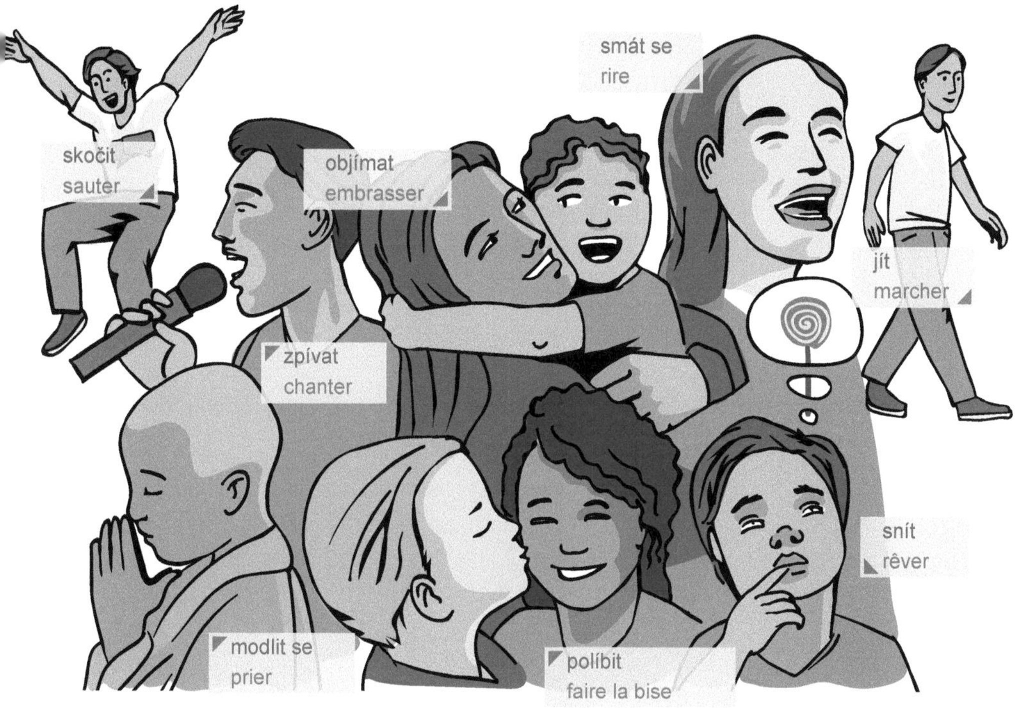

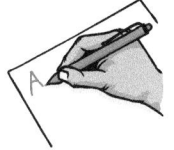

psát

écrire

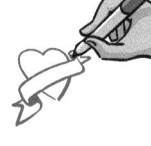

kreslit

dessiner

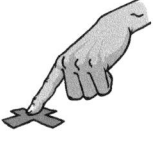

ukazovat

montrer

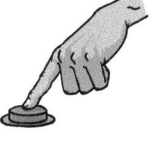

tlačit

pousser

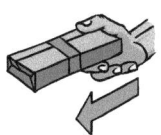

dát

donner

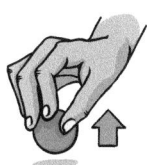

vzít si

prendre

mít

avoir

dělat

faire

být

être

stát

être debout

běhat

courir

táhnout

trier

hodit

jeter

padat

tomber

ležet

être couché

čekat

attendre

nosit

porter

sedět

être assis

oblékat

s'habiller

spát

dormir

vzbudit se

se réveiller

prohlédnout si

regarder

plakat

pleurer

pohladit

caresser

česat

peigner

hovořit

parler

rozumět

comprendre

ptát se

demander

slyšet

écouter

pít

boire

jíst

manger

uklidit

ranger

milovat

aimer

vařit

cuire

jet

conduire

letět

voler

plachtit

faire de la voile

počítat

calculer

číst

lire

učit se

apprendre

pracovat

travailler

vzít si

se marier

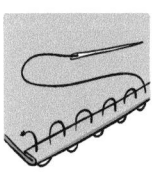

šít

coudre

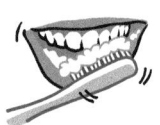

čistit si zuby

brosser les dents

zabít

tuer

kouřit

fumer

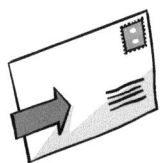

poslat

envoyer

rodina
famille

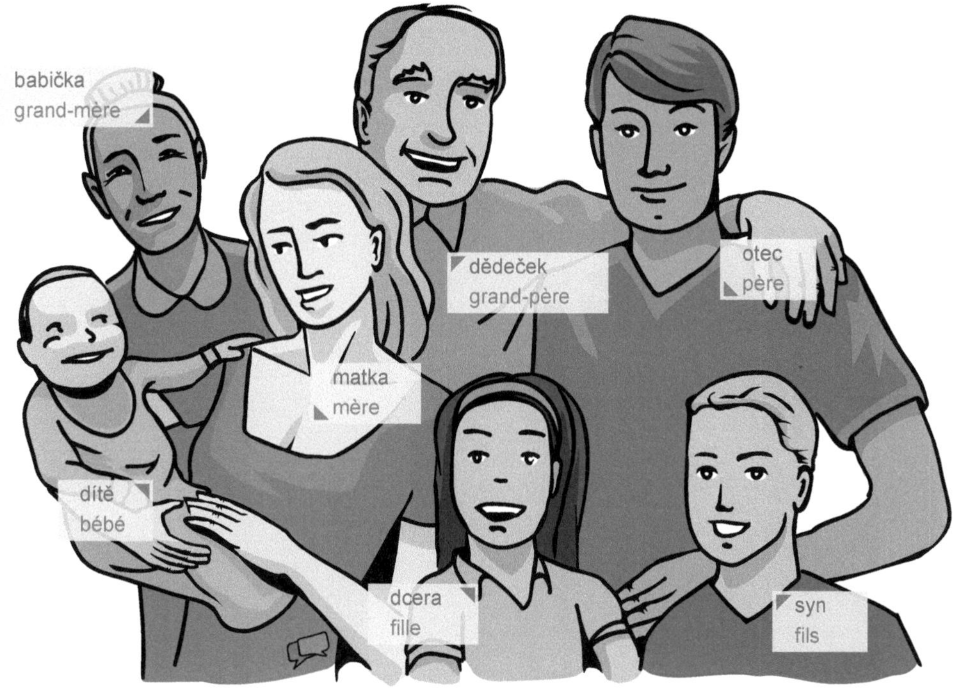
babička
grand-mère
dědeček
grand-père
otec
père
matka
mère
dítě
bébé
dcera
fille
syn
fils

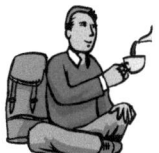

host

hôte

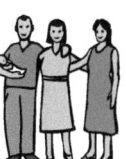

teta

tante

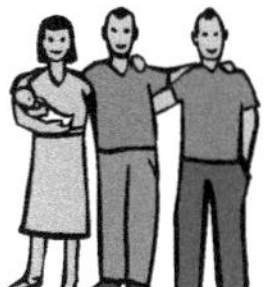

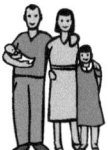

strýc

oncle

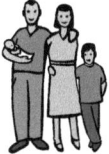

bratr

frère

sestra

sœur

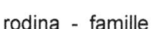

tělo

corps

čelo
front
oko
œil
rameno
épaule
prst
doigt
obličej
visage
brada
menton
ruka
main
dolní končetina
jambe
hruď
poitrine
paže
bras

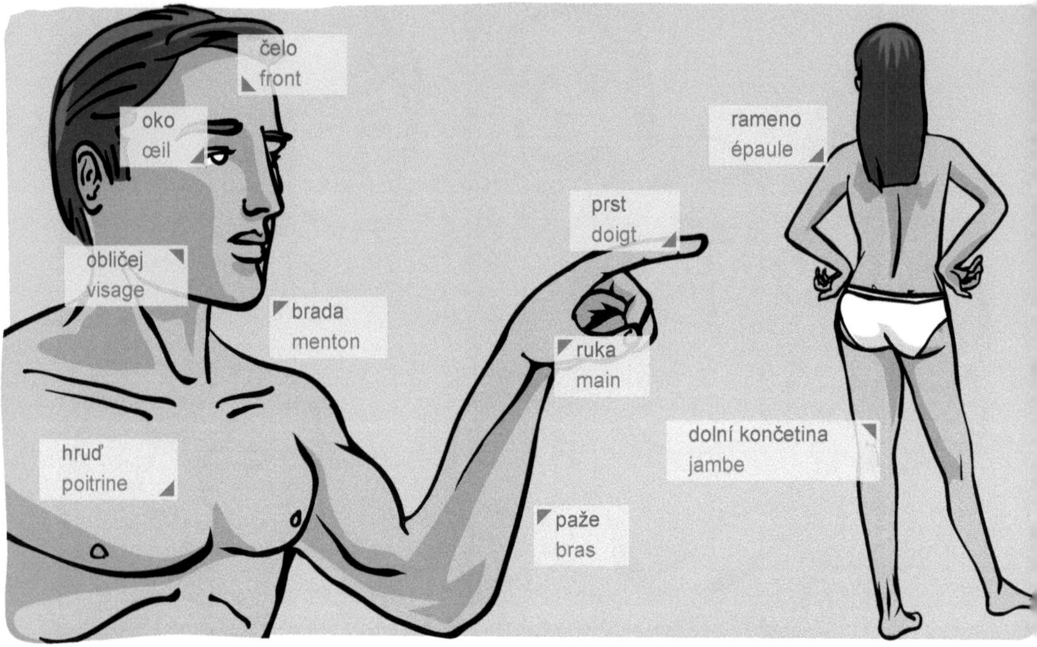

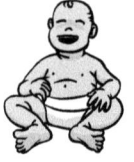

dítě

bébé

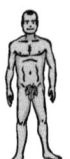

muž

homme

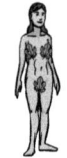

žena

femme

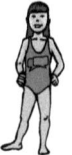

dívka

fille

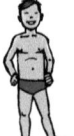

chlapec

garçon

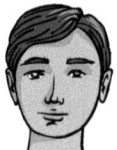

hlava

tête

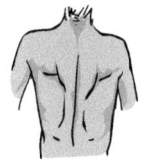

záda
dos

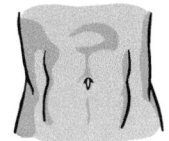

břicho
ventre

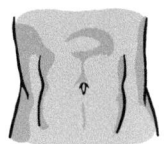

pupík
nombril

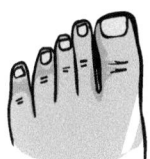

prst na noze
orteil

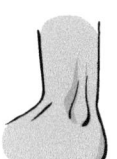

pata
talon

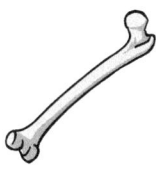

kost
os

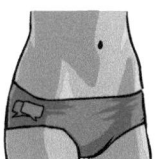

bok
hanche

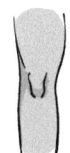

koleno
genou

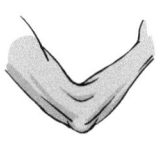

loket
coude

nos
nez

zadek
fesses

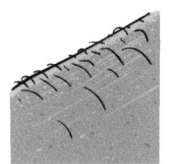

kůže
peau

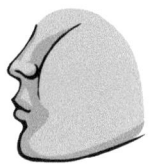

tvář
joue

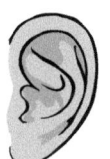

ucho
oreille

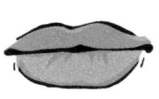

ret
lèvre

ústa
bouche

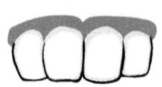

zub
dent

jazyk
langue

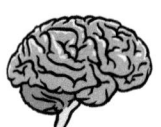

mozek
cerveau

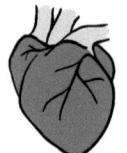

srdce
cœur

sval
muscle

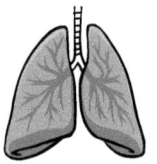

plíce
poumons

játra
foie

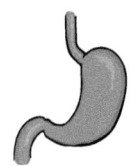

žaludek
estomac

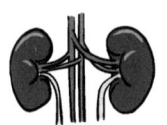

ledviny
reins

pohlavní styk
rapport sexuel

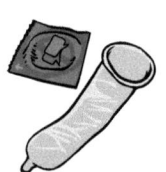

kondom
préservatif

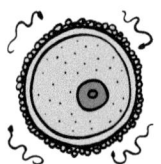

vajíčko
ovule

sperma
sperme

těhotenství
grossesse

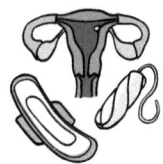

menstruace
menstruation

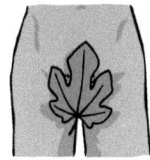

vagina
vagin

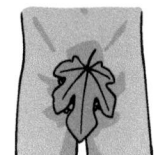

penis
pénis

obočí
sourcil

vlasy
cheveux

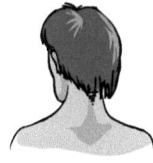

krk
cou

nemocnice
hôpital

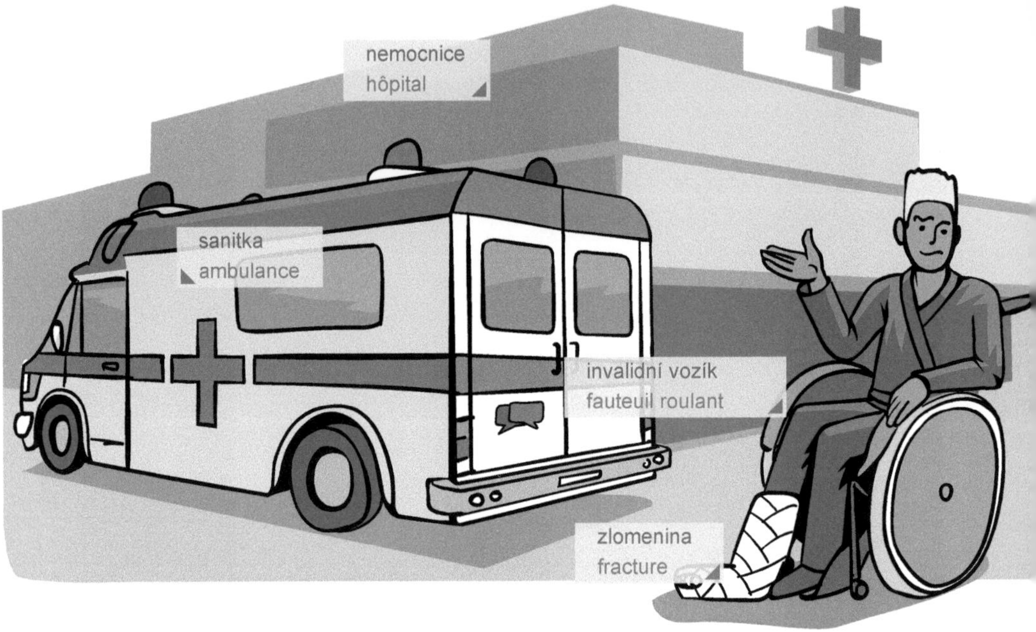

nemocnice
hôpital
sanitka
ambulance
invalidní vozík
fauteuil roulant
zlomenina
fracture

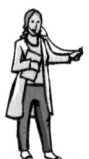

lékař

médecin

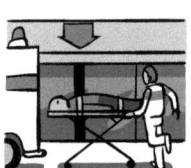

pohotovost

service des urgences

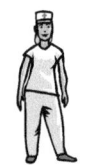

zdravotní sestra

infirmière

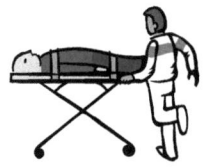

urgentní případ

urgence

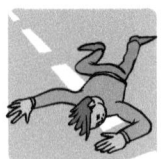

v bezvědomí

inconscient

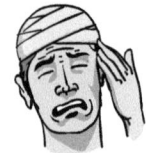

bolest

douleur

úraz

blessure

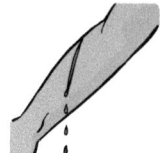

krvácení

hémorragie

infarkt myokardu

crise cardiaque

cévní mozková příhoda

attaque cérébrale

alergie

allergie

kašel

toux

horečka

fièvre

chřipka

grippe

průjem

diarrhée

bolest hlavy

mal de tête

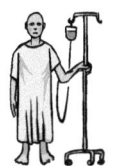

rakovina

cancer

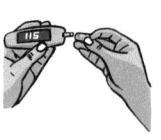

cukrovka

diabète

chirurg

chirurgien

skalpel

scalpel

operace

opération

CT

CT

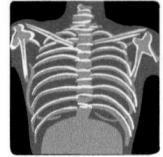

rentgen

radiographie

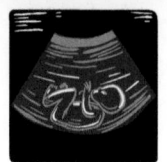

ultrazvuk

échographie

maska

masque

nemoc

maladie

čekárna

salle d'attente

berle

béquille

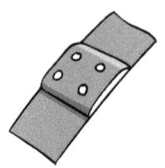

náplast

pansement

obvaz

pansement

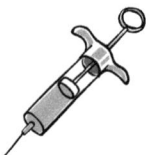

injekce

injection

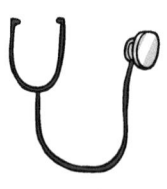

stetoskop

stéthoscope

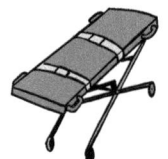

nosítka

brancard

teploměr

thermomètre

porod

accouchement

nadváha

surcharge pondérale

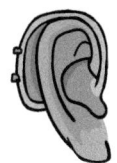

naslouchátko

appareil auditif

dezinfekční prostředek

désinfectant

infekce

infection

virus

virus

HIV / AIDS

VIH / sida

lékařství

médicament

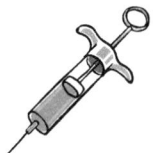

očkování

vaccination

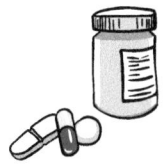

tablety

comprimés

pilulka

pilule

tísňové volání

appel d'urgence

tonometr

tensiomètre

nemocný / zdravý

malade / sain

Pomoc!

Au secours !

poplach

alarme

přepadení

assaut

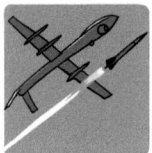

napadení

attaque

nebezpečí

danger

nouzový východ

sortie de secours

Hoří!

Au feu!

hasicí přístroj

extincteur

nehoda

accident

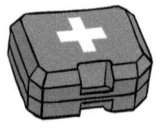

zdravotnická brašna

trousse de premier secours

SOS

SOS

policie

police

Evropa

Europe

Severní Amerika

Amérique du Nord

Jižní Amerika

Amérique du Sud

Afrika

Afrique

Asie

Asie

Austrálie

Australie

Atlantik

Océan atlantique

Pacifik

Océan pacifique

Indický oceán

Océan indien

Jižní ledový oceán

Océan antarctique

Severní ledový oceán

Océan arctique

severní pól

pôle nord

jižní pól

pôle sud

Antarktida

Antarctique

země

terre

pevnina

pays

moře

mer

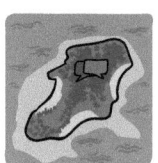

ostrov

île

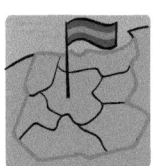

národ

nation

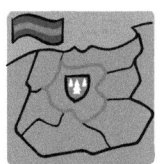

stát

état

ciferník

cadran

hodinová ručička

aiguille des heures

minutová ručička

aiguille des minutes

vteřinová ručička

aiguille des secondes

Kolik je hodin?

Quelle heure est-il ?

den

jour

čas

temps

teď

maintenant

digitální hodinky

montre digitale

minuta

minute

hodina

heure

týden
semaine

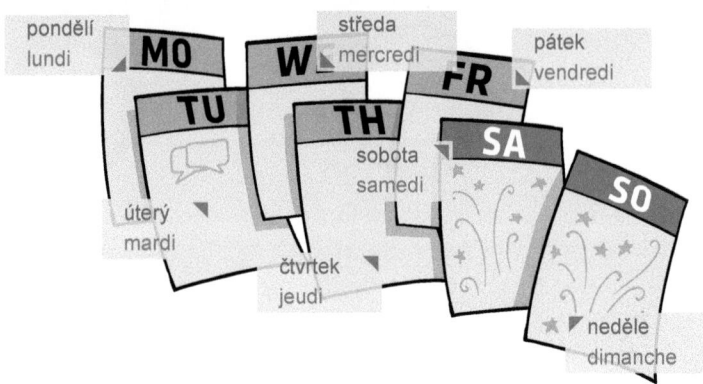

pondělí
lundi

MO

TU

W středa
mercredi

FR pátek
vendredi

TH

SA sobota
samedi

SO

úterý
mardi

čtvrtek
jeudi

neděle
dimanche

včera

hier

dnes

aujourd'hui

zítra

demain

ráno

matin

poledne

midi

večer

soir

MO	TU	WE	TH	FR	SA	SU
1	2	3	4	5	6	7
8	9	10	11	12	13	14
15	16	17	18	19	20	21
22	23	24	25	26	27	28
29	30	31	1	2	3	4

pracovní dny

jours ouvrables

MO	TU	WE	TH	FR	SA	SU
1	2	3	4	5	6	7
8	9	10	11	12	13	14
15	16	17	18	19	20	21
22	23	24	25	26	27	28
29	30	31	1	2	3	4

víkend

week-end

rok
année

déšť
pluie
duha
arc-en-ciel
vítr
vent
sníh
neige
jaro
printemps
léto
été
podzim
automne
zima
hiver

4.APRIL 11°
5.APRIL 4°
6.APRIL 13°
7.APRIL 8°
8.APRIL 10°

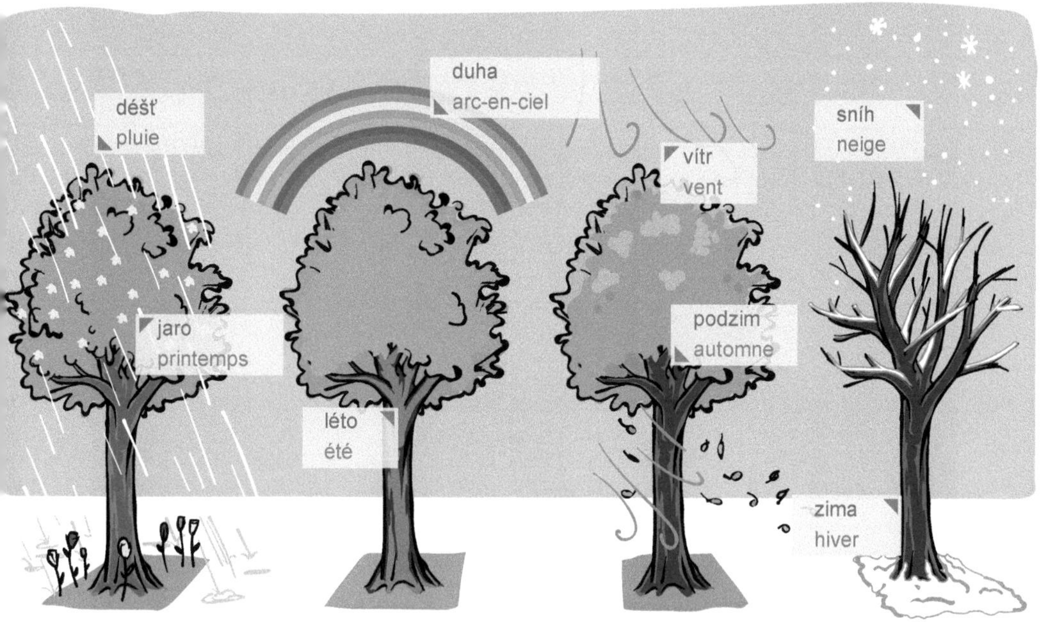

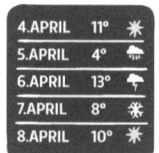

předpověď počasí
météo

F C
120 90 60 30 0 -30
40 30 20 10 0 -10 -20

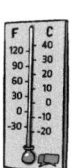

teploměr
thermomètre

sluneční svit
lumière du soleil

mrak
nuage

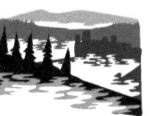

mlha
brouillard

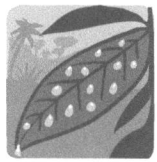

vlhkost
humidité

blesk

foudre

hrom

tonnerre

bouřka

tempête

kroupy

grêle

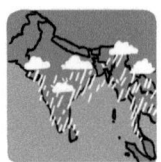

monzun

mousson

povodeň

inondation

led

glace

leden

janvier

únor

février

březen

mars

duben

avril

květen

mai

červen

juin

červenec

juillet

srpen

août

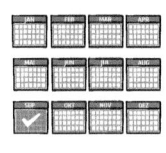

září
....
septembre

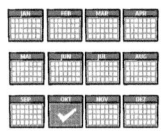

říjen
....
octobre

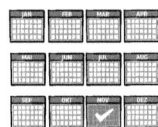

listopad
....
novembre

prosinec
....
décembre

tvary
formes

kruh
....
cercle

čtverec
....
carré

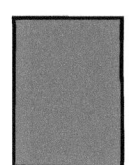

obdélník
....
rectangle

trojúhelník
....
triangle

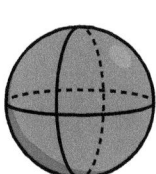

koule
....
sphère

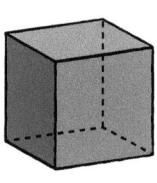

krychle
....
cube

bílá
....
blanc

žlutá
....
jaune

oranžová
....
orange

růžová
....
rose

červená
....
rouge

fialová
....
violet

modrá
....
bleu

zelená
....
vert

hnědá
....
marron

šedá
....
gris

černá
....
noir

hodně / málo

beaucoup / peu

rozzuřený / mírumilovný

fâché / calme

krásný / ošklivý

joli / laid

začátek / konec

début / fin

velký / malý

grand / petit

světlý / tmavý

clair / obscure

bratr / sestra

frère / soeur

čistý / špinavý

propre / sale

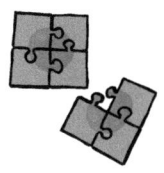

úplný / neúplný

complet / incomplet

den / noc

jour / nuit

mrtvý / živý

mort / vivant

široký / úzký

large / étroit

jedlý / nejedlý

comestible / incomestible

zlý / hodný

méchant / gentil

vzrušený / znuděný

excité / ennuyé

tlustý / hubený

gros / mince

nejdříve / naposledy

premier / dernier

přítel / nepřítel

ami / ennemi

plný / prázdný

plein / vide

tvrdý / měkký

dur / souple

těžký / lehký

lourd / léger

hlad / žízeň

faim / soif

nemocný / zdravý

malade / sain

ilegální / legální

illégal / légal

inteligentní / hloupý

intelligent / stupide

vlevo / vpravo

gauche / droite

blízko / daleko

proche / loin

nový / použitý

nouveau / usé

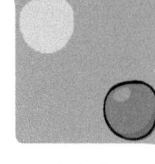

nic / něco

rien / quelque chose

starý / mladý

vieux / jeune

zapnutý / vypnutý

marche / arrêt

otevřeno / zavřeno

ouvert / fermé

tichý / hlasitý

faible / fort

bohatý / chudý

riche / pauvre

správný / špatný

correct / incorrect

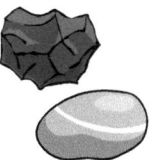

drsný / hladký

rugueux / lisse

smutný / šťastný

triste / heureux

krátký / dlouhý

court / long

pomalý / rychlý

lent / rapide

vlhký / suchý

mouillé / sec

teplý / chladný

chaud / froid

válka / mír

guerre / paix

0

nula

zéro

1

jedna

un / une

2

dva

deux

3

tři

trois

4

čtyři

quatre

5

pět

cinq

6

šest

six

7

sedm

sept

8

osm

huit

9

devět

neuf

10

deset

dix

11

jedenáct

onze

12

dvanáct

douze

13

třináct

treize

14

čtrnáct

quatorze

15

patnáct

quinze

16

šestnáct

seize

17

sedmnáct

dix-sept

18

osmnáct

dix-huit

19

devatenáct

dix-neuf

20

dvacet

vingt

100

sto

cent

1.000

tisíc

mille

1.000.000

milion

million

čísla - nombres

angličtina

anglais

americká angličtina

anglais américain

standardní čínština

chinois mandarin

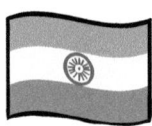

hindština

hindi

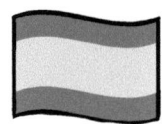

španělština

espagnol

francouzština

français

arabština

arabe

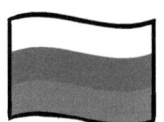

ruština

russe

portugalština

portugais

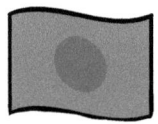

bengálština

bengali

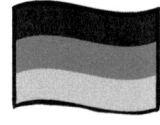

němčina

allemand

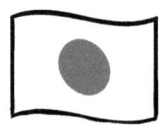

japonština

japonais

já

je

ty

tu

on / ona / ono

il / elle / ce, c', cela

my

nous

vy

vous

oni

ils / elles

Kdo?

Qui ?

Co?

Quoi ?

Jak?

Comment ?

Kde?

Où ?

Kdy?

Quand ?

jméno

nom

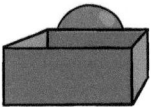

za

derrière

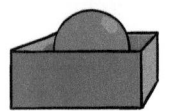

do

dans

z

devant

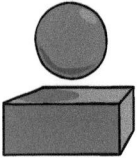

nad

au-dessus

na

sur

mezi

en-dessous

vedle

à côté de

mezi

entre

místo

lieu